Hilfe!
Meine Jeans hat ein Loch

Repair-Ideen für Kleiderkatastrophen

4 SOS für den Kleiderschrank

6 Aus dem Nähkästchen geplaudert

8......... Der Stoff, aus dem die Kleider sind
12....... Nach Stich und Faden – Was du brauchst, um loszulegen
16....... Geschickt eingefädelt – So kommst du an Material
17....... Bestickt und zugenäht – Umgang mit Nadel & Faden

20 Alles Handarbeit

22....... 1. Hilfe! An meiner Strickjacke ist ein Faden gezogen.
26....... 2. Hilfe! Von meiner Jacke ist ein Knopf abgefallen.
30....... 3. Hilfe! An meiner Bluse ist eine Naht aufgegangen.
34....... 4. Hilfe! Die Ellenbogen an meiner Strickjacke werden dünn.
40....... 5. Hilfe! In meinem Shirt ist ein Loch.
44....... 6. Hilfe! Der Saum an meiner Hose hat sich gelöst.

48 Mit heißer Nadel

50....... 1. Hilfe! Meine Jeans hat einen Riss.
56....... 2. Hilfe! Der Saum meiner Jeans ist ausgefranst.
62....... 3. Hilfe! Der Reißverschluss an meiner Jacke ist kaputt.

Inhalt 3

66 Wünsch dir was

68...... Mach dir deine Kleiderwelt, wie sie dir gefällt
70...... 1. Hilfe! Meine Hose ist zu lang.
72...... 2. Hilfe! Meine Hose ist am Bund zu weit.
76...... 3. Hilfe! Mein Rock ist zu kurz.
78...... 4. Hilfe! Mein Shirt ist zu groß.

80 Hand anlegen

82...... Auf den Punkt gebracht – Perlen, Pailletten & Knöpfe annähen
84...... Und ... Stich! – Einfache Handstiche
86...... Detailverliebt – Dekorative Handstiche
87...... Stichhaltig – Profi-Handstiche
88...... Ran an die Maschine
90...... Angebändelt & aufgepeppt – Bänder und Borten verarbeiten
92...... Aufgezippt & zugezogen – Reißverschlüsse einnähen

94 Alles hat ein Ende, nur die Naht hat zwei

96...... Die Autorin
96...... Impressum

SOS für den Kleiderschrank

Wenn die allerliebsten Lieblingsklamotten kaputt gehen, ist das immer ärgerlich. Aber es gibt gute Neuigkeiten: Du brauchst deine beste Jeans nicht zu entsorgen, bloß weil sie ein Loch hat. Wie die meisten anderen »Kleiderpannen« lässt sich auch diese mit ein paar Handgriffen reparieren, mit einer kreativen Idee beheben oder in einen bewussten Blickfang verwandeln. Mithilfe dieses Buches lernst du alle Nähgrundlagen, die du brauchst, um kleine Änderungen durchzuführen, deinen Kleiderschrank in Schuss zu halten – und eigene Einfälle umzusetzen.

Als ich mit dem Nähen anfing, war ich 14 und nur wenige meiner Freundinnen interessierten sich für Handarbeiten. Viele fragten mich: »Wenn man alles kaufen kann, warum sollte man dann zu Nadel und Faden greifen?« Ganz einfach: Es fühlt sich wunderbar an, ein Kleidungsstück zu tragen, das kein anderer hat – selbst, wenn es sich um ein einfaches gekauftes T-Shirt handelt, das man nur selbst verziert hat. Außerdem lässt sich eine Menge Geld sparen, wenn man alte Sachen wieder tragbar macht, anstatt sich etwas Neues zu kaufen. Wenn man weiß, welche Schritte notwendig sind, ist ein Loch schnell repariert und die Passform eines alten Pullovers im Nu verbessert. Dann braucht man seine Lieblingsklamotten nicht gleich zu ersetzen (was ziemlich nervenaufreibend sein kann), sondern kann sie noch eine Weile anziehen. Du wirst sehen: Sobald du den Dreh heraus hast, ist es unglaublich erfüllend, etwas selber zu machen. Ich sehe dich schon vor Freude hüpfen, wenn du das erste Teil in den Händen hältst, das du selbst repariert, geändert oder vielleicht sogar komplett selbst genäht hast!

Nähgrundlagen werden zwar in vielen Büchern erklärt, aber selten bekommt man davon Lust, sofort loszulegen und seinen kompletten Kleiderschrank auf den Kopf zu stellen. Das will ich ändern: Ich möchte, dass du keine Angst davor hast, an deine Sachen Hand anzulegen, sondern sie nach Herzenslust veränderst und verzierst. Es gibt absolut keinen Grund, zu befürchten, du könntest etwas »versauen« an einem Teil, das du ohnehin nie tragen würdest, weil es schlecht passt oder kaputt ist. Deshalb erkläre ich dir nicht nur die Techniken, die du brauchst, um deine Klamotten sachgemäß zu reparieren – zusätzlich bekommst du immer auch eine Menge Ideen und Anregungen mit auf den Weg, um deine Garderobe einzigartig zu machen.

Viel Spaß beim Querdenken,

Laura

Aus dem Nähkästchen geplaudert

Bevor du mit dem Nähen beginnst, solltest du ein paar Dinge über das Material wissen, mit dem du es zu tun haben wirst. Auf diese Weise kannst du vorher passendes Zubehör besorgen – und wenn du dann alles Wichtige zusammen hast und weißt, was du wofür brauchen wirst, kannst du damit ungebremst loslegen!

Der Stoff, aus dem die Kleider sind – Von Baumwolle, Leinen & Co.

Sobald du mit Textilien zu tun hast – also beim Klamottenkauf ebenso wie auf der Suche nach passendem Material für eines deiner Nähprojekte – solltest du ein paar Dinge über das Ausgangsmaterial wissen. Das erleichtert dir nicht nur die Wahl, sondern hilft auch, Fehlkäufe zu vermeiden, weil ein Stoff für die gewünschte Verwendung möglicherweise vollkommen ungeeignet ist. Verschiedene Stoffe haben nämlich auch ganz unterschiedliche Eigenschaften, die sich beim Tragen und Pflegen (also Waschen, Bügeln etc.) bemerkbar machen.

Fasern sind der »Grundbaustein«, aus dem die Fäden gesponnen werden, die man dann zur Herstellung von Stoffen verwendet. Fasern können von Tieren stammen oder pflanzlichen Ursprungs sein. Synthetische Fasern werden auf chemischem Weg aus Erdöl gewonnen – genau wie Plastik.

Tierische Fasern haben oft verblüffende Eigenschaften. Seide und Alpakawolle zum Beispiel wärmen den Träger, wenn es kalt ist, und kühlen, wenn es warm ist. Wolle kann 1/3 ihres Eigengewichts an Feuchtigkeit aufnehmen, ohne sich nass anzufühlen. Außerdem hält sie wahnsinnig gut warm.

Natürlich haben alle Fasern Vor- und Nachteile. Um die Eigenschaften des fertigen Stoffes zu verbessern, werden sie oft untereinander gemischt. Baumwollhosen enthalten z. B. häufig einen kleinen Anteil Elasthan, damit sie ihre Form besser behalten und nicht so stark knittern. Wollstoffe werden strapazierfähiger und leichter, wenn sie einen Synthetikanteil enthalten.

Aus dem Nähkästchen geplaudert 9

Pflanzliche Fasern sind luftdurchlässig und sehr saugfähig. Deshalb eignen sich Baumwolle und Leinen perfekt für Sommerbekleidung.

Synthetische Chemiefasern wie Polyester oder Polyacryl sind günstig und pflegeleicht, das heißt, sie werden in der Waschmaschine bei geringen Temperaturen sauber und trocknen schnell (weil sie wenig Feuchtigkeit aufnehmen). Sie knittern nicht und müssen deshalb auch nicht gebügelt werden.

Zellulosische Chemiefasern wie Modal oder Viskose basieren, wie der Name schon sagt, auf Zellulose, der Gerüstsubstanz von Pflanzen. Reine Zellulose wird z. B. aus Holz, Schilf oder Stroh gewonnen und anschließend auf chemischem Weg versponnen. Die Verwendung von Viskose ähnelt der von Baumwolle, weil beide vergleichbare Eigenschaften haben.

 TIPP: Pflanzliche Naturfasern wie Baumwolle können bei der ersten Wäsche eingehen, deshalb solltest du Naturfaserstoffe vor dem Verarbeiten immer waschen. Danach sind sie aber bei der Pflege unempfindlich und können heiß gewaschen und gebügelt werden. Bei Wolle, Seide und Chemiefasern musst du vorsichtiger sein, sie reagieren empfindlich auf Hitze. Am besten, du schaust immer auf das Schild mit den Pflegehinweisen, um sicherzugehen, dass du richtig mit dem Stoff umgehst.

Gestrickt oder gewebt: Mit verschiedenen Verfahren werden aus den Fasern Stoffe hergestellt. Zur Erzeugung von Filz und Vlies legt man viele Fasern übereinander und verfestigt sie. Für Web- und Strickstoffe benötigt man hingegen versponnene Fasern, also Fäden.

Gewebte Stoffe bestehen aus Kett- und Schussfäden, die im rechten Winkel miteinander verkreuzt sind. Typische gewebte Stoffe sind zum Beispiel Batist (feinfädiger, leichter Stoff), Denim (Jeansstoff) und Gabardine (klassischer Stoff mit schräg verlaufendem Grat). Da diese Stoffe nicht besonders dehnbar sind (außer in schräger Richtung, aber dazu später mehr), werden sie meist für Hosen, Blusen und Hemden sowie Jacken und Mäntel verwendet.

Bindungen

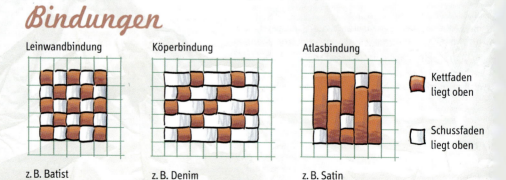

Aus dem Nähkästchen geplaudert 11

Gestrickte Stoffe sind im Gegensatz zu Webwaren elastisch. Weil sie aus ineinander hängenden Fadenschlaufen bestehen, nennt man sie auch Maschenware. Ein leichter Strickstoff ist Jersey. Auch Sweatshirtstoff wird gestrickt. Aus Maschenwaren werden beispielsweise T-Shirts, Pullover, Strickjacken und Jogginghosen hergestellt.

TIPP: Die »gute« (sichtbare) Seite des Stoffes wird immer als rechte, die »schlechte« als linke Seite bezeichnet. Darum sagt man auch: »Du trägst ja deinen Pulli linksherum!«

Schnipp schnapp – Stoff zuschneiden

Wenn du Stoffe zuschneidest, musst du immer auf die Richtung achten. Alle Stoffe werden »im Fadenlauf«, also parallel zur gewebten (nicht zur geschnittenen) Kante zugeschnitten. Wenn man Stoff sparen will und der Stoff in Längs- und Querrichtung gleich elastisch ist, kann man ihn auch im rechten Winkel zur Webkante zuschneiden. Soll der Stoff etwas nachgeben, schneidet man ihn hingegen »im schrägen Fadenlauf«.

Die Nahtzugabe ist übrigens der Abstand zwischen der fertigen Naht und der Schnittkante. Wenn du Stoff zuschneidest, musst du die Nahtzugabe immer dazugeben, denn du kannst ja nicht genau am Rand des Stoffes entlangnähen.

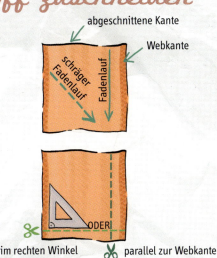

Nach Stich und Faden – Was du brauchst, um loszulegen

Solange du dich noch nicht an die Nähmaschine traust, aber auch später (um zum Beispiel einen Knopf anzunähen), benötigst du **Handnähnadeln**. Es gibt diese Nadeln in vielen verschiedenen Stärken. Welche du brauchst, hängt vor allem von der Stärke des Fadens ab, den du verwendest: Die Nadel muss immer ein klein wenig stärker sein als der Faden. Bei Arbeiten an gestrickten Sachen solltest du immer eine Nadel mit abgerundeter Spitze verwenden, um keine Maschen zu beschädigen. Zum Aufnähen kleiner Perlen brauchst du hingegen eine ganz dünne Nadel.

 TIPP: Etwas längere Nadeln (ca. 3,5 cm) eignen sich für die meisten Nähprojekte, aber am besten kaufst du dir ein Sortiment und probierst aus, womit du gut klar kommst.

Nähfäden bekommst du in verschiedenen Stärken und aus den unterschiedlichsten Materialien. Universalnähgarn aus 100% Polyester ist für die meisten Näharbeiten gut geeignet, auch beim Nähen an der Maschine. Wenn du für Stickereien und Zierstiche ein etwas stärkeres Stickgarn verwendest, treten diese schön in den Vordergrund.

 TIPP: Wenn du kein Garn findest, das farblich perfekt passt, wähle es lieber einen Ton dunkler als heller – es sei denn, du möchtest die Nähte als Effekt in einer Kontrastfarbe steppen.

Aus dem Nähkästchen geplaudert 13

Zum Zuschneiden von Stoff oder wenn du zum Beispiel von einem alten Kleidungsstück einen Streifen abschneidest, brauchst du eine große *Stoff- oder Bastelschere*. Eine *kleine, spitze Schere* hingegen ist gut geeignet, um Fäden abzuschneiden oder um eine Naht aufzutrennen.

 TIPP: Verwende deine Stoffscheren nicht für Papier, sonst werden sie stumpf.

Ob du einen *Fingerhut* benutzen möchtest oder nicht, musst du selbst ausprobieren. Bei den meisten Arbeiten ist er nicht zwingend erforderlich, aber ein Fingerhut kann nützlich sein, um die Nadel durch sehr dicken Stoff oder viele Stofflagen zu drücken. Den Fingerhut trägt man übrigens auf dem Mittelfinger.

Stecknadeln brauchst du, um zwei Stofflagen aufeinander zu fixieren, die beim Nähen nicht verrutschen sollen. Dabei steckst du die Stecknadeln immer so, dass deren Metallspitze in Richtung deiner Nähnadel (also gegen die Nährichtung) zeigt. Das ist vor allem bei der Arbeit an der Nähmaschine wichtig, denn dann kannst du selbst im letzten Moment die Nadeln noch ohne Probleme am Kopf herausziehen. Du kannst Stecknadeln natürlich auch zum Abstecken verwenden, wenn Kleidungsstücke zu lang oder zu weit sind.

 TIPP: Die Stecknadeln mit den bunten Köpfen sehen nicht nur schön aus, sondern lassen sich auch gut handhaben – und du findest sie leichter wieder, wenn mal eine herunterfällt. Am besten bewahrst du deine Stecknadeln in einem Nadelkissen auf, dann hast du sie immer griffbereit.

Es gibt spezielle *Schneiderkreide* und *Markierstifte*, die sich problemlos wieder auswaschen lassen, aber für den Anfang tut es meistens auch ein Bleistift, um zum Beispiel die Position einer Naht oder eines Knopfes zu markieren. Du solltest jedoch nur leicht aufdrücken – und bei hellen, zarten Stoffen besonders vorsichtig sein: Man könnte die Markierungen durchsehen.

Früher oder später wirst du auch ein *Maßband* brauchen, das sich im Gegensatz zu einem Lineal dem Stoff anpasst – und auch dem Körper, wenn du zum Beispiel dein Taillenmaß wissen möchtest.

Aus dem Nähkästchen geplaudert **15**

Einen **Nahttrenner** brauchst du nicht unbedingt, aber ich würde dir die Anschaffung empfehlen. Auftrennen wirst du früher oder später ohnehin müssen und wenn du einen Nahttrenner verwendest, nimmt der Stoff keinen Schaden.

Für den Anfang auch nicht dringend notwendig, aber nützlich, ist ein (sauberes!) **Bügeleisen**. Damit kannst du beispielsweise Kanten umbügeln und fertigen Stücken den letzten Schliff verpassen.

Bügelvlies kann man ab und zu gut gebrauchen, zum Beispiel um Flicken oder selbstgemachte Aufnäher zu verstärken. Eine Seite (meist die glänzende) ist mit Kleber beschichtet, der bei Hitze am Stoff haften bleibt. Deshalb lässt sich das Vlies leicht aufbügeln.

Geschickt eingefädelt –
So kommst du an Material

Wenn man Material benötigt, um alte Kleidungsstücke zu reparieren oder zu verzieren, denkt man immer zuerst an Stoffläden oder Stoffabteilungen in großen Kaufhäusern. Diese sind tatsächlich eine tolle Fundgrube für Garne, Knöpfe, Stoffe und Co., außerdem wirst du kompetent beraten. Dennoch: Wenn du einmal über den Nähkästchenrand schaust, werden dir noch viele andere gute Quellen für Material einfallen.

 TIPP: Von alten Garnen solltest du lieber die Finger lassen: Sie werden mit der Zeit brüchig und reißen leicht. Es wäre ärgerlich, wenn du mit so einem Faden etwas nähst und das Teil dann bei der ersten Wäsche komplett auseinander fällt!

Flohmärkte und Tauschbörsen im Internet sind perfekt, um Nähutensilien aufzustöbern. Dort gehen alte, gut erhaltene oder sogar brandneue Stoffe, Knöpfe und Borten manchmal für Spottpreise über den Ladentisch. Auch auf Omas Dachboden und in Muttis Nähkasten lassen sich manchmal wahre Schätze aufstöbern. Schau dir einfach alles an – man weiß nie, was einem an unerwarteter Stelle plötzlich für Ideen kommt. Vielleicht entdeckst du ja auch tolle alte Kleidungsstücke, denen du im Nu neues Leben einhauchen kannst. Das Beste an der Schatzsuche bei Verwandten: Du bezahlst keinen Cent für dein neues Equipment!

Eine weitere Kaufhaus-Alternative: Von Kleidungsstücken, die du entsorgst, weil sich Reparieren nicht mehr lohnt, Knöpfe, Aufnäher und anderen Zierrat abtrennen. Diese Option ist nicht nur günstig, du bekommst damit auch viel individuelleres Material als im Laden.

Hand anlegen: Nadel und Faden 17

Bestickt und zugenäht – Umgang mit Nadel & Faden

Am Anfang ist der Umgang mit Nadel und Faden gar nicht so einfach. Aber glücklicherweise gibt es ein paar Tricks, die zukünftigen Hobbyschneiderinnen (aber auch Gelegenheitsnäherinnen) das Leben mächtig erleichtern.

Der Faden, den du abschneidest, um etwas mit der Hand zu nähen, sollte weder zu kurz noch zu lang sein. Manchmal dauert es eine Weile, bis man das richtige Maß gefunden hat, aber eine knappe Armlänge (von der Hand bis unter die Schulter) ist in der Regel eine gute Orientierung.

Anfangs kann es schwierig sein, den Faden durch das Nadelöhr zu bekommen. Dennoch solltest du keine Nadel mit einem riesengroßen Öhr verwenden, nur weil du Probleme beim Einfädeln hast – diese kann unschöne Löcher im Stoff hinterlassen. Zum Glück gibt es praktische Nadeleinfädler, die die Arbeit enorm vereinfachen. Zieh den Faden immer ca. 10-15 cm weit durch das Öhr, damit er nicht so schnell wieder herausrutschen kann.

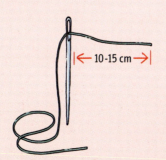

Nadel & Faden   Hier geht's weiter

Jetzt brauchst du noch einen haltbaren Knoten am langen Fadenende, dann kann das Nähen losgehen! Beim Schneiderknoten wickelst du das Ende des Fadens um deinen Zeigefinger und legst den Daumen auf die Stelle, wo sich die beiden Fäden kreuzen. Nun rollst du den Faden mit dem Daumen zur Fingerspitze. Die so entstandene Schlaufe kannst du wie bei einem normalen Knoten einfach zuziehen – es bildet sich ein kräftiger Knoten.

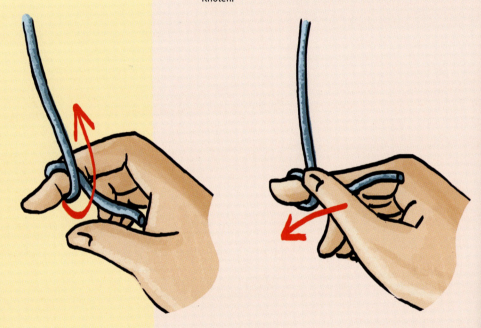

Solange dir diese Technik noch zu schwierig ist, kannst du aber auch einfach einen normalen doppelten oder dreifachen Knoten verwenden.

Faden verstechen

Am Ende jeder Naht musst du den Faden verstechen, damit sich die Naht nicht bei der kleinsten Belastung löst. Dazu machst du drei kurze Stiche an ungefähr derselben Stelle. Mit einer Schlinge auf der Rückseite (um die bereits vorhandenen Stiche) kannst du das Ende zusätzlich sichern.

linke Stoffseite

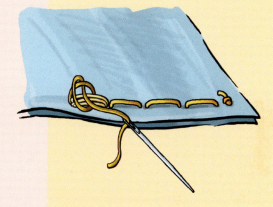

☞ TIPP: Sollte der Faden einmal nicht reichen, verstichst du ihn einfach wie oben beschrieben und setzt ein paar Stiche vorher mit einem kleinen Knoten neu an. Den neuen Faden einfach anzuknoten hört sich verlockend einfach an, ist aber keine gute Idee. Entweder, der Knoten rutscht überhaupt nicht durch den Stoff oder der Faden reißt beim Versuch, ihn durchzuziehen – beides nicht unbedingt wünschenswert.

Näh, oder?

Auftrennen wirst du früher oder später – entweder deine eigenen Nähte oder Nähte an Kleidungsstücken, die du ändern möchtest. Am besten ist es, wenn du mit einem Nahttrenner (oder einer kleinen Schere, aber vorsichtig) Stich für Stich durchtrennst. So bleibt der Stoff unbeschädigt und kann weiter verwendet werden. Die Fadenreste solltest du natürlich entfernen, bevor es weitergeht.

Alles Handarbeit

Einige Handstiche zu beherrschen ist wirklich praktisch, denn für kleinere Reparaturen lohnt es sich kaum, die Nähmaschine einzufädeln – sofern man überhaupt eine besitzt. Von Hand gearbeitete Details sehen außerdem nicht nur hübsch und einzigartig aus, sondern machen mit etwas Übung auch richtig viel Spaß!

1. Hilfe! An meiner Strickjacke ist ein Faden gezogen.

Dieses Problem kennt wohl Jeder: Man bleibt irgendwo hängen und schon ist am Pulli ein Faden gezogen. Glücklicherweise musst du nicht einmal besondere Nähstiche beherrschen, um dieses Problem zu beheben.

Lösung

Fädle die Nadel ein und zieh den Faden durch die gezogene Schlaufe am Kleidungsstück – Fadenende des Hilfsfadens dabei festhalten. Nadel ausfädeln und anschließend das Fadenende und den Fadenanfang zusammen durchs Öhr ziehen.

Nadel nahe der Schlaufe am Kleidungsstück nach innen stechen. Fertig – die Fadenschlaufe befindet sich nun auf der Innenseite!
Die Schlaufe solltest du nicht abschneiden, sondern das Kleidungsstück an der betreffenden Stelle leicht in alle Richtungen dehnen.

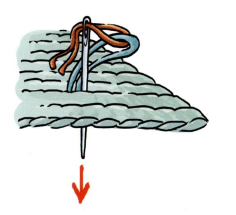

Alternative

Wenn es mal schnell gehen muss oder der gezogene Faden keine Schlaufe bildet, erfüllt die »Fadenfee« denselben Zweck. Dabei wird der Faden um den Schaft der Fadenfee gewickelt, verfängt sich darin und kann ganz einfach auf die linke Seite des Kleidungsstückes gezogen werden.

Um die schadhafte Stelle zu verdecken, habe ich nach dem Einziehen des Fadens Pailletten aufgenäht, die von kleinen Perlen an Ort und Stelle gehalten werden. Das Motiv erinnert an einen Regenschirm.

Wie du Perlen und unterschiedliche Pailletten anbringst, lernst du auf **Seite 82.**

Alles Handarbeit

Idee gefällig?

Manchmal sieht die Stelle, wo der Faden gezogen war, auch nach dem Einziehen noch anders aus als der Rest des Gewebes. In diesem Fall kannst du aus der Not eine Tugend machen und Perlen oder Pailletten aufnähen – entweder nur an einer Stelle, in einem Muster oder über das ganze Kleidungsstück verteilt. Wenn du dich entschieden hast, markiere mit kleinen Pünktchen die Positionen.

2. Hilfe! Von meiner Jacke ist ein Knopf abgefallen.

Industriell angenähte Knöpfe fallen meist schon ab, wenn man das Kleidungsstück erst ein paar Mal getragen hat. Am besten, du nähst die Knöpfe neu an, sobald du merkst, dass sie sich lockern – sonst ist schnell einer verloren und das ist ärgerlich.

Lösung

Ganz einfach: Wenn ein Knopf abgefallen ist, musst du ihn wieder annähen. Dazu nimmst du den Faden doppelt und verknotest die Enden.

Dann machst du an der Knopfposition zunächst ein paar kleine Stiche.

✗ Knopfposition

Nun den Knopf genau auf die markierte Stelle legen und durch das erste Loch nach außen stechen. Durch das benachbarte Knopfloch stichst du wieder nach innen usw., insgesamt etwa drei Mal.

Wenn der Knopf vier Löcher hat, musst du die ganze Prozedur bei den anderen beiden Löchern wiederholen. Der Faden sollte dabei nie zu fest angezogen werden – der Knopf muss etwas Abstand zum Stoff haben, damit er sich später gut knöpfen lässt. Je zarter der Stoff, desto geringer muss der Abstand sein.

Zuletzt wickelst du deinen Nähfaden fest um die Stiche, die zwischen Knopf und Stoff liegen.

Um das Fadenende zu sichern, stichst du zwei bis drei Mal durch den so entstandenen »Stiel«.

Wie du Knöpfe kreativ annähen kannst, lernst du auf **Seite 83**.

 TIPP: Damit der Abstand immer gleich bleibt, kannst du je nach Stoffdicke eine Stecknadel, einen Zahnstocher oder ein Streichholz zur Hilfe nehmen – einfach als Abstandshalter auf dem Knopf platzieren und darüber nähen. Wenn der Knopf befestigt ist, entfernst du die Stecknadel oder das Hölzchen und arbeitest den »Stiel« wie oben beschrieben.

»Ich habe alle Knöpfe an der Jacke mit rotem Garn neu angenäht. Als zusätzlicher Blickfang dienen an der Brusttasche angebrachte Knöpfe in verschiedenen Rottönen und Größen.«

Alternative

Im Notfall hat man Nadel, Faden und Ersatzknopf nicht immer zur Hand. Dann helfen SOS-Knöpfe. Sie sind auf einem selbstklebenden Stoff befestigt, der nach 30 Sekunden Andrücken am Kleidungsstück hält. Bei Gelegenheit kann man den Notknopf dann gegen den Originalknopf tauschen.

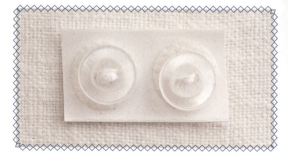

Alles Handarbeit 29

*Idee gefällig?

Wenn du von deinem Mantel gelangweilt bist, tausch doch einfach die alten Knöpfe komplett gegen schöne neue aus: Farbige, originelle Knöpfe werden deinen Mantel in neuem Glanz erstrahlen lassen. Außerdem bereiten sie dir auf jeden Fall gute Laune an grauen Wintertagen!

Du kannst Knöpfe natürlich auch zur Zierde an eine Strickjacke, ein T-Shirt oder eine Wintermütze nähen. Entweder du ordnest sie wie Ansteckbuttons in Paaren oder Dreiergruppen an oder du legst damit eine kleine Form. Wie würde es dir zum Beispiel gefallen, deinem Pullover eine Zierblende aus Knöpfen zu verpassen?

3. Hilfe! An meiner Bluse ist eine Naht aufgegangen.

Wenn sich ein paar Stiche einer Naht gelöst haben, öffnet sich diese nach und nach immer weiter. Will man also nicht plötzlich im Freien stehen, sollte man die Stiche fix ausbessern.

Lösung

Da der Rückstich der stabilste Handstich ist, verwendet man diesen am besten zum Schließen von Nähten, die belastet werden. Die Stiche liegen, wie in der Skizze dargestellt, ohne Lücken hintereinander. Die Stichlänge sollte relativ gleichmäßig und nicht zu groß sein (2,5-3 mm für die ganz Genauen). Außerdem ist es wichtig, den Faden gut, aber nicht zu straff anzuziehen.

Deine Naht sollte am Anfang und Ende immer ein paar Stiche länger sein als die offene Stelle. Wenn sich die Naht weit geöffnet hat, verwende Stecknadeln, damit du beim Nähen auch auf der Rückseite die alte Nahtlinie triffst – du willst ja die Passform nicht verändern.

Weitere einfache Handstiche lernst du auf **Seite 84-85**.

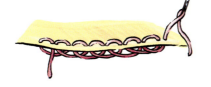

Alternative

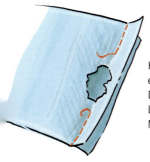

Hat sich an der Naht auch noch ein Loch im Stoff gebildet? Dann solltest du zunächst das Loch reparieren, bevor du die Naht wieder zunähst.

Schneide dazu aus einem zarten, farblich passenden Baumwollstoff einen Flicken, der das Loch überdeckt (er sollte an allen Seiten mindestens 1 cm überstehen). Nutze Flickpulver, um den Flicken auf der linken Stoffseite zu fixieren.

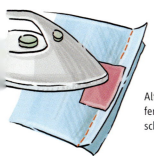

Alternativ kannst du einen fertigen Bügelflicken zurechtschneiden und aufbügeln.

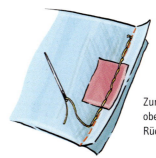

Zum Schluss die Naht wie oben beschrieben mit Rückstichen schließen.

 TIPP: Wenn du mit diesem Stich eine sichtbare Naht nähen möchtest, musst du darauf achten, dass die »schöne Seite« außen liegt – auf der Rückseite bilden sich nämlich Schlingen.

*Idee gefällig?

Jetzt müsstest du ja ein echter Rückstich-Profi sein – es wird also höchste Zeit, diesen Stich kreativ einzusetzen, um ein paar alte Sachen aufzupeppen! Wie wäre es, wenn du den Ausschnitt eines T-Shirts oder Pullovers mit mehreren Reihen Rückstichen (rundherum) verzierst? Du könntest dafür zum Beispiel dickes Stickgarn verwenden und jeder Reihe eine andere Farbe geben. Auch schick: den Rand des Ausschnittes mit Langettenstichen umnähen oder mit Rückstichen deine Initialen auf ein Oberteil sticken. Die Möglichkeiten sind unbegrenzt!

Alles Handarbeit 33

Wie diese einfachen Handstiche funktionieren, erfährst du auf **Seite 84-85**.

»Um diese schlichte weiße Bluse ein wenig aufzufrischen, habe ich sie mit orange- und türkisfarbenem Knopflochgarn bestickt. Zum Verzieren habe ich Rückstiche mit verschiedengroßen Stichabständen – einige so klein wie Punkte – sowie Langettenstiche verwendet.«

4. Hilfe! Die Ellenbogen an meiner Strickjacke werden dünn.

Dort, wo man sich immer aufstützt, wird das Gestrick natürlich zuerst dünn: an den Ellenbogen. Wenn man es jedoch rechtzeitig bemerkt und verstärkt, kann man seinen Lieblingspulli noch eine Weile tragen.

Lösung

Die einfachste Variante ist, das Gestrick mit einem zusätzlichen Faden zu verstärken. Das funktioniert jedoch nur bei gröberen Maschen. So geht's: Auf beide Ellenbogen an der gleichen Stelle ein Rechteck aufzeichnen, das über die dünn gewordene Stelle reicht. Farblich perfekt passenden Faden einfädeln und doppelt nehmen (oder dickeres Garn verwenden). Ans Fadenende kommt wie immer ein Knoten. In der rechten oberen Ecke des aufgezeichneten Rechtecks stichst du nach außen. Dann verstärkst du Reihe für Reihe das Gestrick mit Zickzackstichen. Wenn du an der unteren Kante des Rechtecks angekommen bist, verstichst du den Faden auf der Rückseite (von außen möglichst nicht sichtbar).

Alternative

Gekaufte Bügelflicken lassen sich im Nu aufbringen – und verstärken den Stoff, bevor er ganz kaputt geht.

*Idee gefällig?

Manchmal ist es das Beste, die schadhafte Stelle komplett zu überdecken – und so in einen Blickfang zu verwandeln! Ellenbogenflicken sind in der Regel etwa 10 cm breit und 15 cm lang, die Ecken rundherum abgerundet (muss aber natürlich nicht sein). Du kannst solche Flicken oder Applikationen auch selbst herstellen.

Wie das Herstellen von Applikationen geht, lernst du auf **Seite 42.**

Anschließend nähst du sie mit einem farblich passenden oder noch besser: einem kontrastierenden Garn im Langettenstich (siehe Skizze) auf. Das sieht dekorativ aus und sichert die Kante zusätzlich.

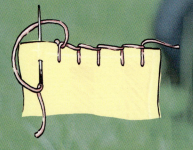

☞ **TIPP:** Damit die Ellenbogenflicken beim Nähen nicht verrutschen, solltest du sie schon vorher auf dem Stoff befestigen. Bei selbstgemachten Stoffflicken kannst du dafür einfach Stecknadeln verwenden. Flicken aus Leder lassen sich (sofern sie nicht aufbügelbar sind) am besten mit Sprühfixierer platzieren.

Alles Handarbeit 37

»Selbstgemachte Flicken – mit Bügelvlies verstärkt – verdecken den kaputten Stoff im Bereich der Ellenbogen. Ich habe sie von Hand mit Langettenstichen (siehe Seite 36) und orangefarbenem Knopflochgarn aufgebracht.«

5. Hilfe! In meinem Shirt ist ein Loch.

Da der Stoff von T-Shirts oft sehr dünn ist, bilden sich schnell kleine Löcher. Wenn man diese repariert, bevor sie noch größer werden, kann man sein Lieblingsshirt meist retten.

Lösung

Wenn Gestricktes – wie Socken oder T-Shirts – Löcher hat, ist vorsichtiges Stopfen das Beste. Dazu brauchst du einen Faden, der etwas stärker ist und farblich perfekt zum Kleidungsstück passt. In der rechten oberen Ecke beginnst du mit dem Nähen (einige mm vom Loch entfernt). Du machst wie immer einen Knoten ins Fadenende und stichst von hinten nach vorne durch den Stoff. Um das Loch zu überdecken, ziehst du zuerst in vertikaler Richtung Fäden ein. Dabei stichst du immer durch die Maschen am Rand des Lochs, um sie aufzufangen. In der ersten Reihe ziehst du einen Faden vom oberen zum unteren Ende des Lochs, danach stichst du wieder durch eine Masche am oberen Rand und so weiter.

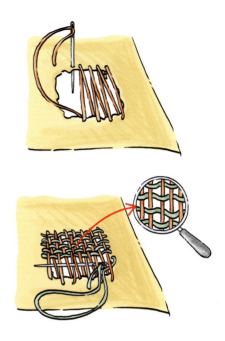

Wenn das gesamte Loch überdeckt ist, fängst du an, auch in horizontaler Richtung Fäden einzuziehen. Du benutzt dazu Vorstiche und »webst« durch die bereits vorhandenen Fäden. Auch hierbei wieder alle Maschen am Rand des Loches auffangen. Um vor dem Abschneiden dein Fadenende zu fixieren, machst du am Rand einige kleine Rückstiche.

 TIPP: Die eingezogenen Fäden dürfen nie zu straff gespannt sein, sonst geht der Stoff vielleicht weiter kaputt.

Alternative

Leider sind die Löcher selbst nach dem Stopfen oft noch sichtbar, was gerade bei T-Shirts sehr stören kann. Eine Idee, um das Loch gekonnt zu überdecken, sind Aufnäher.

Fertige Aufnäher gibt es in vielen verschiedenen Varianten zu kaufen. Du kannst sie einfach mit Vorstichen oder Rückstichen auf die gewünschte Stelle aufnähen (eventuell vorher mit Stecknadeln fixieren). Solche »Patches« nur aufzubügeln, ist selten empfehlenswert – oftmals lösen sie sich beim Tragen oder Waschen ab.

Wie du Vor- und Rückstiche ausführst, lernst du auf **Seite 84.**

*Idee gefällig?

Einzigartig sind natürlich selbstgemachte Aufnäher beziehungsweise Applikationen. So geht's: Motiv (zum Beispiel ein Kleeblatt) aus dem gewünschten Stoff ausschneiden und auf die Rückseite mit dem Bügeleisen dünnes Bügelvlies (gibt es im Stoffladen oder Kaufhaus) aufbringen – das verhindert ein starkes Ausfransen der Schnittkanten und verstärkt den Stoff. Danach nähst du den Aufnäher mit Vorstichen ein paar Millimeter innerhalb der Kante auf dein Shirt. Bei mehrfarbigen Motiven (zum Beispiel einer Eiswaffel) empfiehlt es sich, die unterste Lage in der fertigen Form zu schneiden und die andersfarbigen Teile (Eiskugeln) zuerst entlang der Innenkanten aufzunähen. Danach den kompletten Aufnäher auf das Kleidungsstück applizieren.

»Der Aufnäher für dieses Shirt ist selbst hergestellt: Zuerst habe ich Klebevlies auf den Stoff gebügelt und dann die Kleeblattform ausgeschnitten. Anschließend habe ich ihn mit Vorstichen auf das Oberteil genäht, um das reparierte Loch zu verdecken.«

6. Hilfe! Der Saum an meiner Hose hat sich gelöst.

Kaputte Hosensäume sehen nicht nur doof aus. Wenn man sie nicht repariert, franst die Kante auch leicht aus, weil man darauf tritt. Es ist also lohnenswert, sich die paar Minuten für eine Reparatur zu nehmen.

Lösung

Wie du den Saum deiner Hose reparieren musst, hängt davon ab, wie er vorher verarbeitet war – es sei denn, du möchtest ihn in einen Blickfang verwandeln (aber dazu später mehr). In der Regel sind die Saumkanten entweder mit Stichen versäubert und einfach nach innen gefaltet oder doppelt eingeschlagen. Einfach eingeschlagene Säume werden meistens – von außen unsichtbar – mit Handstichen befestigt.

So geht's: Zuerst musst du die Saumkante versäubern. Dafür mit Langettenstichen vor dem Ausfransen schützen und nach innen umbügeln.

Anschließend schlägst du die Kante ca. 5 mm zurück und nähst sie von Hand mit Saumstichen fest. Dazu stichst du immer abwechselnd durch die Saumkante und durch die Innenseite des Kleidungsstücks (nicht komplett hindurchstechen, nur einige Fäden anstechen). Wenn du fertig bist, verstichst du den Faden auf der Saumkante.

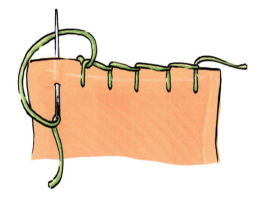

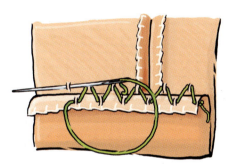

Weitere Infos zu verschiedenen Handstichen findest du auf **Seite 84-87.**

Sichtbar gesteppte Säume, egal, ob einfach oder doppelt umgeschlagen, kannst du ganz einfach mit Rückstichen reparieren.

 TIPP: Zieh den Faden nicht zu straff an, sonst sieht man die Stiche von rechts. Wenn du ab und zu einen kleinen Rückstich auf der Saumkante machst, kann es dir nicht passieren, dass du den Saum mit dem Faden versehentlich komplett zusammenrafft.

Einfacher Saum

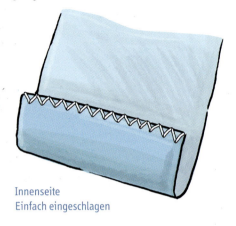

Innenseite
Einfach eingeschlagen

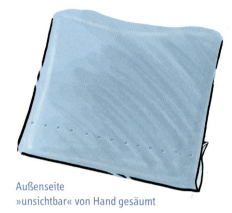

Außenseite
»unsichtbar« von Hand gesäumt

Doppelter Saum

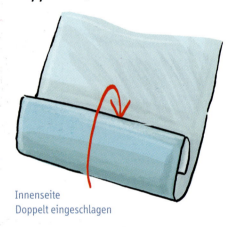

Innenseite
Doppelt eingeschlagen

Außenseite
Sichtbar gesteppt

Alternative

Du hast Angst, dass dein von Hand genähter Saum nicht gelingt oder auf der rechten Seite sichtbar ist? Dann trenne die alten Stiche komplett auf und befestige den Saum mit Saumvlies. Das lässt sich ganz leicht aufbügeln und erzeugt einen haltbaren, unsichtbaren Saum.

Alles Handarbeit 47

»Für einen besonderen Effekt habe ich den Saum statt nach innen einmal nach außen geschlagen. Die unversäuberte Nahtzugabe wurde einfach nach hinten gekippt und somit verdeckt. Mit Zickzackstichen (siehe Seite 85) und Kontrast-Stickgarn befestigte ich den Saum anschließend und fügte so einen weiteren Hingucker hinzu.«

*Idee gefällig?

Wenn du Lust hast, den Saum deiner Hose nicht nur zu reparieren, sondern ihn in einen absoluten Hingucker zu verwandeln, kannst du dafür all die Stiche nutzen, die du schon gelernt hast, bzw. die du auf Seite 84-87 findest. Warum nähst du den Saum nicht mit Zickzackstichen in einer leuchtenden Farbe? Oder du verwendest Vorstiche und füllst, wenn du einmal rundherum gekommen bist, die Lücken mit Vorstichen in einer anderen Farbe. Eine andere witzige Idee ist, den Saum statt nach innen einmal nach außen zu schlagen, so dass die Stoffinnenseite sichtbar wird. Das sieht besonders bei Jeans super aus. Die Kante kannst du dann mit Rückstichen oder – wenn du noch einen zusätzlichen Effekt möchtest – mit Langettenstichen festnähen.

Mit heißer Nadel

Gerade bei Projekten, die viel Näharbeit erfordern, ist die Umsetzung an der Nähmaschine eine echte Erleichterung. Beherrscht man die Grundlagen, kann man damit in kürzester Zeit sehr haltbare Nähte herstellen – und selbst elastische Nähte sind nun kein Problem mehr.

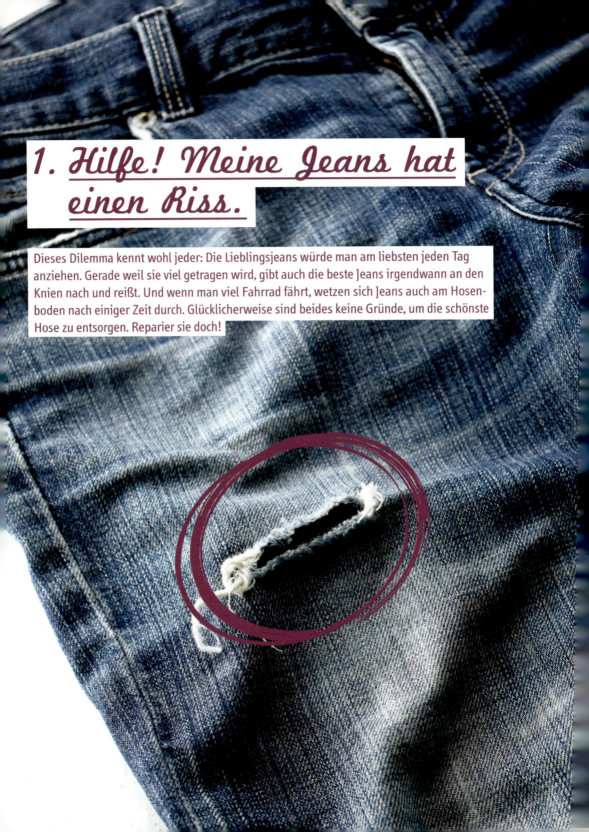

1. Hilfe! Meine Jeans hat einen Riss.

Dieses Dilemma kennt wohl jeder: Die Lieblingsjeans würde man am liebsten jeden Tag anziehen. Gerade weil sie viel getragen wird, gibt auch die beste Jeans irgendwann an den Knien nach und reißt. Und wenn man viel Fahrrad fährt, wetzen sich Jeans auch am Hosenboden nach einiger Zeit durch. Glücklicherweise sind beides keine Gründe, um die schönste Hose zu entsorgen. Reparier sie doch!

Mit heißer Nadel 51

Lösung

Wie man Sachen von Hand stopft, weißt du ja schon. Mit der Nähmaschine ist das Vorgehen etwas anders, funktioniert aber auch bestens – und ist bei dicken Stoffen sogar noch viel komfortabler.

Zuerst brauchst du einen Flicken aus Jeansstoff in einer ähnlichen Farbe wie die der kaputten Hose (vielleicht von einer anderen Jeans, die du gekürzt hast). Dieser muss an allen Ecken mindestens 1 cm größer sein als das Loch. Schneide den Flicken lieber etwas großflächiger zu, wenn der Stoff auch rund um das Loch schon dünn aussieht. Versäubere die Kanten des Flickens mit Zickzackstichen. Platziere ihn dann auf der linken Stoffseite deiner Hose und befestige ihn mit Stecknadeln. Hefte den Flicken entlang der Kanten mit Hand-Vorstichen oder Geradstichen in einer langen Stichlänge auf. Du brauchst diese Naht nicht zu verriegeln, sie wird später wieder entfernt.

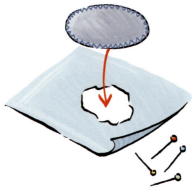
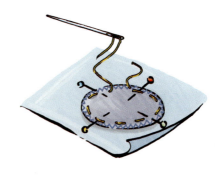

Nun nähst du von rechts mit farblich perfekt passenden Geradstichen immer hin und her, bis das Loch komplett überdeckt ist. Wenn du dabei dem Stoffverlauf folgst, fällt die Naht kaum auf. Zuletzt entfernst du noch die Heftstiche vom Anfang.

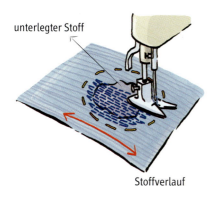

unterlegter Stoff

Stoffverlauf

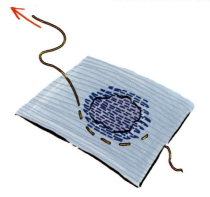

Infos zu den verschiedenen Hand- und Maschinen-stichen findest du auf **Seite 84-89.**

TIPP: An einige Stellen – zum Beispiel ans Knie – kommt man mit der Nähmaschine schwer heran. In diesem Fall hilft es meist, an der betreffenden Stelle ein Stück der Seitennaht aufzutrennen. Wenn du mit dem Stopfen fertig bist, kannst du sie dann mit Gerad-stichen wieder schließen. Sollte die Naht mehrfach ge-steppt sein, würde ich jedoch vom Auftrennen abraten.

Alternative

Mit Flickpulver kannst du ganz einfach einen Flicken auf die linke Stoffseite aufbringen, ohne zu nähen.

*Idee gefällig?

Sichtbare Flicken können super aussehen, vor allem, wenn man dafür farbige oder gemusterte Stoffe verwendet. Für so einen Hingucker schneidest du einen Flicken zu, der das Loch an deiner Hose rundherum mindestens 2 cm überlappt – am besten rechteckig. Wie beim Stopfen legst du ihn dann unter das Loch und heftest ihn entlang der Kanten von links auf den Stoff. Dann nähst du von rechts mit relativ dichten Zickzackstichen um das Loch herum. Anschließend verwendest du eine kleine Schere, um auf der rechten Stoffseite nur den Jeansstoff an dieser Stelle vorsichtig auszuschneiden. Der schöne darunter liegende Stoff wird sichtbar und zu einem echten Hingucker auf deiner Hose!

TIPP: Statt einfach nur um das Loch zu nähen, kannst du die Zickzackstiche natürlich auch in einer bestimmten Form aufbringen – eine kreis- oder herzförmige Naht zum Beispiel ist nicht schwer und sieht immer süß aus.

»Die Flicken habe ich mit der gleichen Technik aufgebracht – dennoch ist der Effekt komplett verschieden. Bei dem einen habe ich oval um das Loch genäht, bevor ich den Oberstoff innerhalb der Naht ausgeschnitten habe. Bei dem anderen hat die Naht eine rechteckige Form und die ausgefranste Kante ist erhalten geblieben.«

2. Hilfe! Der Saum meiner Jeans ist ausgefranst.

Wenn Jeans zu lang sind, sieht der Saum schnell kaputt und abgestoßen aus. Denke also darüber nach, ob du deine Hose nicht kürzt, bevor du sie reparierst – wenn die Hose weiterhin auf dem Boden schleift, ist die Mühe vielleicht umsonst.

Lösung

Um die ausgefranste Saumkante von links zu reparieren, musst du den Saum zuerst auftrennen.

Wenn die Kante schon löchrig ist, schneide aus farblich passendem Stoff ein Rechteck zu, das rundherum 1-2 cm größer ist als die kaputte Stelle. Hefte das Rechteck von links mit Vorstichen (siehe Seite 84) fest.

Schneide nun die langen Fransen ab und nähe von rechts mit Zickzackstichen über die Kante, um sie zu verstärken und die gelösten Fäden zu fixieren.

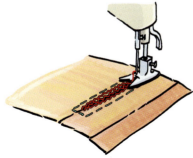

Anschließend Vorstiche entfernen, ...

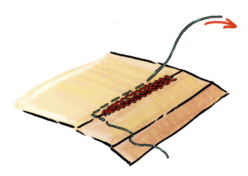

... Saum wieder einschlagen und mit passendem (Jeans-)Garn steppen.

Alternative

Für alle Nähfaulen gibt es den Fransenstopp »Fray Check«. Dazu muss man den Saum nicht auftrennen, sondern nur die langen Fäden abschneiden und die ausgefranste Kante anschließend mit »Fray Check« versiegeln.

*Idee gefällig?

Zum Einzelstück wird deine Hose, wenn du den fransigen Saum mit farbigem Schrägband einfasst! Verwende dazu fertiges Schrägband oder stelle – am besten mithilfe eines Schrägbandformers – selbst welches her. Ein perfekter Weg übrigens nicht nur, um deine Jeans individueller zu machen, sondern auch, um Stoffreste aufzubrauchen!

Und so geht's:

Mithilfe eines Maßbandes misst du zuerst einmal um den Saum deiner Hose. Zu diesem Maß gibst du als Zugabe mindestens 5 cm hinzu.

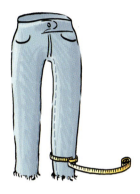

Nun schneidest du im schrägen Fadenlauf einen Stoffstreifen zu, der die ermittelte Länge hat und doppelt so breit wie dein Schrägbandformer ist. Wenn du ein Ende des Streifens spitz zuschneidest, lässt es sich leichter durch den Schrägbandformer führen.

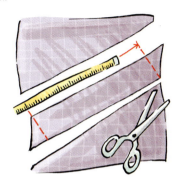

Außerdem kannst du den Stoffstreifen mit einem spitzen Gegenstand (zum Beispiel einer Schere) vorsichtig hindurch schieben.

Die vorgefalzten Kanten, die auf der anderen Seite entstehen, fixierst du sofort mithilfe eines Bügeleisens, bis du am Ende angekommen bist – fertig ist das selbstgemachte Schrägband!

 TIPP: Natürlich kannst du auch Streifen von verschiedenen Stoffen aneinander setzen und damit die Saumkante einfassen. Nähe dazu die Streifen einfach mit Geradstichen aneinander, bevor du sie durch den Former schiebst.

Idee gefällig Hier geht's weiter

Vor dem Annähen des Schrägbandes solltest du den alten Saum auftrennen und die Hose auf die Länge schneiden, die sie am Ende haben soll.

Auf diese Weise kannst du nicht nur ganz einfach deine Hosen kürzen – durch das Auftrennen des Saumes musst du am Ende auch nicht durch so viele Stofflagen nähen. Mit dem Annähen beginnst du auf der linken Stoffseite, immer an der inneren Hosenbeinnaht. Den Anfang des Bandes schlägst du vorher 1 cm nach innen.

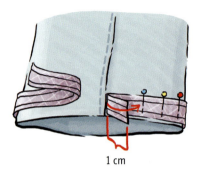

1 cm

Nun nähst du das Band rundherum auf. Das überstehende Ende sollte den Anfang 1 cm überlappen, also etwa mit der eingeschlagenen Kante abschließen.

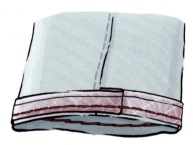

Wenn es zu lang ist, schneide es auf diese Länge zurück. Nun klappst du das Schrägband nach außen, schlägst es um und steppst die Kante. Wenn du möchtest, kannst du anschließend noch den gelegten Bruch mit Staffierstichen fixieren.

Wie man Schrägband an eine Kante näht, lernst du ausführlich auf **Seite 90.**

»Nach dem Kürzen der Hose habe ich die unversäuberte Saumkante mit einem selbst hergestellten Schrägstreifen aus Retro-Stoff eingefasst. Der Schrägstreifen wurde zuerst rechts auf rechts angenäht, dann nach innen geschlagen und mit Staffierstichen (siehe Seite 87) befestigt.«

3. Hilfe! Der Reißverschluss an meiner Jacke ist kaputt.

Reißverschlüsse gehen leider immer viel zu schnell kaputt. Bei Lieblingsstücken und teuren Sachen lohnt es sich aber, einen neuen einzunähen — das klingt möglicherweise dramatisch, ist aber vor allem bei Sommer- und Strickjacken nicht so kompliziert, wie du es dir vielleicht vorstellst.

Lösung

Trenne den kaputten Reißverschluss heraus und nähe einen neuen folgendermaßen ein: Den geschlossenen Reißverschluss legst du genau mittig unter den Schlitz, der Schieber sollte ca. 3 mm von der oberen Kante entfernt und der Stopper (das Ende des Reißverschlusses) verdeckt sein.

Reißverschluss mit Stecknadeln fixieren und am besten zusätzlich mit Vorstichen (siehe Seite 84) von Hand einheften.

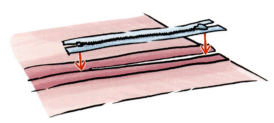
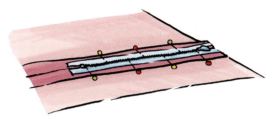

An der Nähmaschine den Reißverschlussfuß beziehungsweise halben Fuß so einsetzen, dass die Nadel an dessen rechtem Rand einsticht – so kann man besonders dicht am Reißverschluss entlang nähen.

Jetzt musst du den Reißverschluss öffnen und kannst in der oberen linken Ecke mit dem Einnähen beginnen. Nähe dabei so nah wie möglich am Reißverschluss entlang.

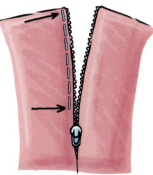

Reißverschluss kaputt Hier geht's weiter

Kurz bevor du den Schieber erreichst stoppst du: Nadel im Stoff lassen, aber Füßchen anheben und den Reißverschluss schließen. Nun kannst du den Reißverschluss bis unten annähen und an der unteren Kante quer über den Reißverschluss nähen. Jetzt wird der Stoff gedreht und entlang der anderen Kante so lange genäht, bis man den Schieber fast erreicht hat.

Dann wieder stoppen, Füßchen anheben und den Reißverschluss öffnen. Anschließend das restliche Stück festnähen. Fertig!

Bei teilbaren Reißverschlüssen näht man natürlich nicht quer über die untere Kante, denn dann könnte man die Jacke ja nicht mehr komplett öffnen. Stattdessen wird jede Reißverschlusshälfte einzeln eingenäht und die Naht am oberen und unteren Ende verriegelt.

Alternative

Wenn man sich das Einheften sparen möchte, kann man auch sogenanntes »Wondertape« verwenden, um ein ständiges Verrutschen des Reißverschlusses zu vermeiden.

*Idee gefällig?

Wenn du in ein Teil mit Kapuze ohnehin einen neuen Reißverschluss einnähen musst, kauf doch einen, der ein Stück länger ist als der alte. So kannst du die Enden rund um die Kapuze nähen, so dass sie sich in deren Mitte treffen. Mit dieser einfachen Technik wird deine Jacke zu einem einzigartigen Hingucker.

Reißverschlüsse kann man nicht nur als Verschlusselement einsetzen, sondern auch zur reinen Deko! Nähe farbige Reißverschlüsse wie Bänder an Säume und Kanten oder betone damit Teilungsnähte an Kleidungsstücken. Du kannst die Reißverschlüsse auch vorher teilen und nur eine Hälfte aufnähen. Nutze leuchtende Reißverschlüsse in kontrastierenden Farben – oder exakt der gleichen Farbe für einen Überraschungseffekt beim genaueren Hinsehen.

»Für die Weste habe ich einen roten und einen pinkfarbenen teilbaren Reißverschluss in der gleichen Länge kombiniert und sichtbar eingenäht. Ein Reststück von jedem Zipper nähte ich außerdem zur Zierde an die Tascheneingriffe.«

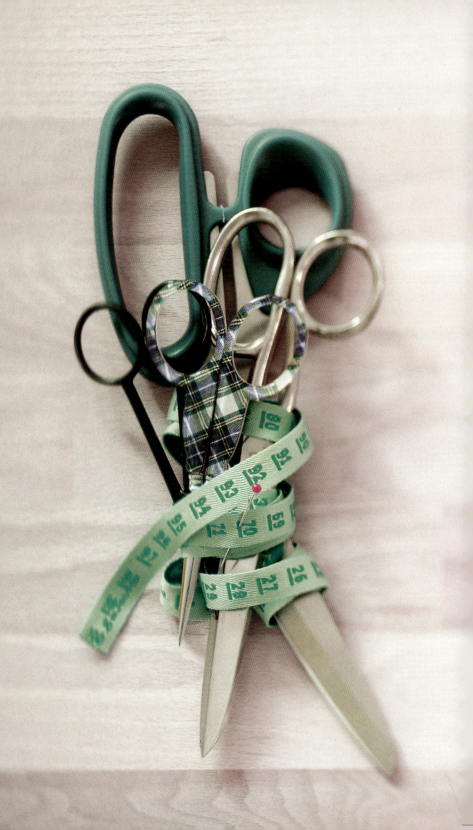

Wünsch dir was

Kleidungsstücke, die man neu oder gebraucht kauft oder geschenkt bekommt, passen nicht immer perfekt. Kleinere Änderungen sind aber glücklicherweise nicht allzu schwierig, wenn die Vorarbeit stimmt – dazu gehört vor allem genaues Abstecken.

Mach dir deine Kleiderwelt, wie sie dir gefällt

Mit ein bisschen Know-How kannst du fast jedes Kleidungsstück nach deinen Wünschen anpassen, egal ob es länger, kürzer oder enger werden soll. Um zu wissen, um welchen Betrag du ein Teil ändern musst, markierst du die gewünschte Breite oder Länge mit Stecknadeln. Um diesen Betrag herauszufinden, kannst du verschiedene Tricks anwenden.

Möchtest du beispielsweise eine Hose kürzen, wird der Saum auf die Länge abgesteckt, die die Hose am Ende haben soll. In der Regel sollte die Hose bis zur oberen Kante des Absatzes reichen. Lass dir beim Abstecken am besten helfen, denn alleine ist es schwierig, die richtige Länge zu bestimmen.

Zu viel Weite am Bund von Hose oder Rock wird normalerweise in der rückwärtigen Mitte abgesteckt.

Möchtest du ein Oberteil enger arbeiten, steckst du die überschüssige Weite möglichst gleichmäßig an beiden Seitennähten ab.

Hand anlegen: Änderungen **69**

Soll ein Kleidungsstück nicht kürzer, sondern länger werden, befestige mit Stecknadeln ein Band oder einen geraden Stoffstreifen am Saum, um die perfekte Länge herauszufinden.

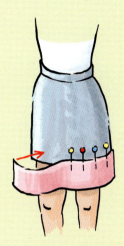

Nach dem Abstecken musst du dir natürlich merken, um welchen Betrag das Kleidungsstück geändert werden soll. Entweder du schreibst dir auf, wie viele Zentimeter enger, kürzer oder länger das Teil werden soll – oder du markierst mit Schneiderkreide von links die Position der Nadeln, damit du weißt, wo du später entlangnähen musst.

 TIPP: Trage das Kleidungsstück beim Abstecken immer genau so, wie du es auch später kombinieren möchtest – also mit denselben Schuhen, dem gleichen Gürtel und so weiter. So stellst du sicher, dass am Ende alles perfekt passt.

Eine tolle Methode, um einfache Kleidungsstücke wie T-Shirts passend zu machen: Drehe das zu ändernde Kleidungsstück auf links und lege es flach hin. Nun platzierst du darauf ein ähnliches Teil aus deinem Kleiderschrank, das perfekt passt und auf rechts gedreht ist. An den Schultern sollten beide Stücke genau übereinander liegen, ansonsten muss das engere genau mittig auf dem weiteren liegen. Zeichne nun mit einem Markierstift die Außenkanten des passenden Teils nach – diese entsprechen der späteren Nahtlinie.

1. Hilfe! Meine Hose ist zu lang.

Zu lange Hosen sehen meistens nicht gerade schick aus, zumal der Saum dann schneller kaputt und ausgetreten wirkt. Wenn du weißt, wie man Hosen kürzt, kannst du aber nicht nur langen Hosen die perfekte Länge geben – auch der Verwandlung einer langen in eine kurze Hose steht dann nichts mehr im Weg!

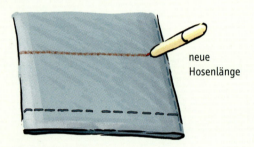

Zuerst kennzeichnest du auf der rechten Stoffseite mit einem (entfernbaren!) Markierstift die neue Hosenlänge.

Anschließend trennst du den alten Saum auf und misst von der alten Bruchkante (alte Hosenlänge) zur ursprünglichen Schnittkante. Diesen Betrag, die Saumzugabe, musst du zur neuen Hosenlänge hinzugeben. Kennzeichne dieses Maß unterhalb der neuen Hosenlänge rundherum mit einem Markierstift und schneide die Hose an dieser Linie ab.

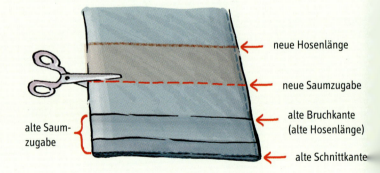

War deine Hose vorher einfach eingeschlagen, musst du nun bloß noch die Schnittkante (zum Beispiel mit Zickzackstichen) versäubern und dann entsprechend der Markierung auf die linke Seite bügeln. Am besten funktioniert das, wenn du das Hosenbein dazu über ein Ärmelbügelbrett ziehst.
Anschließend kannst du den Saum entweder mit der Nähmaschine mit Geradstichen steppen oder unsichtbar von Hand annähen (siehe Seite 46: Einfacher Saum).

Deine Hose hatte einen doppelt eingeschlagenen Saum? Übertrage die neue Hosenlänge auf die linke Stoffseite, indem du mit Stecknadeln von rechts durch die Markierung stichst und die Linie mit dem Markierstift nachfährst. Anschließend bügelst du die Schnittkante zuerst so nach innen, dass sie genau bis zu dieser Markierung reicht.

Zum Schluss schlägst du den Saum entsprechend der neuen Hosenlänge noch einmal nach innen und bügelst auch diesen Bruch.

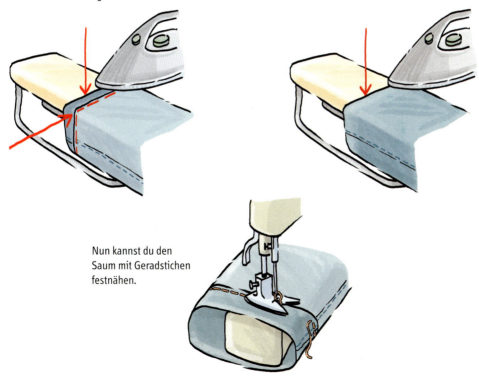

Nun kannst du den Saum mit Geradstichen festnähen.

2. Hilfe! Meine Hose ist am Bund zu weit.

Gerade Jeans sitzen am Po oftmals perfekt, haben aber einen zu weiten Bund, der in der hinteren Mitte absteht. Wenn dich das stört und die Hose vielleicht sogar rutscht, lohnt sich der Aufwand, sie enger zu nähen.

Wenn dein Bund in der rückwärtigen Mitte keine Naht hat, zeichnest du zu allererst einen geraden Strich von der hinteren Mittelnaht nach oben und schneidest dort ca. 5 mm weit in den Stoff, um die Mitte zu markieren.

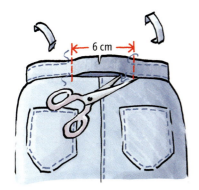

Anschließend musst du den Bund an der hinteren Mitte nach links und rechts je etwa 6 cm weit von der Hose abtrennen. Ist dein Bund an der oberen Kante abgesteppt, trenne auch diese Naht so weit auf. Eventuelle Gürtelschlaufen in diesem Bereich müssen ebenfalls abgetrennt werden.

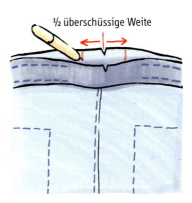

Die überschüssige Weite, die du bei der Anprobe abgesteckt hast, halbierst du. Trage nun dieses Maß von der hinteren Mitte (markiert durch den Einschnitt) zu beiden Seiten ab und markiere die entstehende Linie. Du brauchst diese Markierungen am inneren und äußeren Bund, jeweils auf der linken Stoffseite.

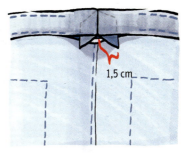

Danach nähst du – ebenfalls von links – den äußeren und inneren Bund den Markierungen folgend ab. Meistens musst du ihn, der Körperform entsprechend, in einer Keilform oben mehr abnähen als unten. Nach dem Abnähen schneidest du die Nahtzugabe in diesem Bereich auf maximal 1,5 cm zurück und bügelst diese auseinander.

Hose am Bund zu weit   Hier geht's weiter

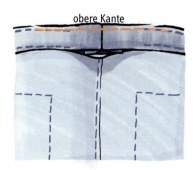

Danach nähst du den äußeren und inneren Bund an der oberen Kante wieder aneinander.

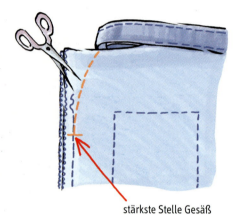

Nun trennst du auch eventuelle Absteppungen an der hinteren Hosennaht und die Hosennaht selbst ein Stück auf und nähst diese oben so viel enger wie den Bund, damit er später wieder perfekt daran passt. Hat die Hose am Gesäß gut gepasst, hat diese Naht einen bogenförmigen Verlauf zur Hüfte hin – dort verläuft sie wieder in die alte Naht.

Nach dem Abnähen schneidest du auch die Zugabe dieser Naht auf etwa 1,5 cm zurück und versäuberst die Kante mit Zickzackstichen.

Die Naht kannst du gegebenenfalls wieder sichtbar absteppen.
Danach die untere äußere Bundkante von links an die obere Hosenkante annähen.

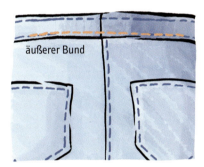

Anschließend musst du die innere Bundkante einschlagen und die Steppungen an der unteren äußeren Bundkante erneuern, um die innere Kante zu befestigen.

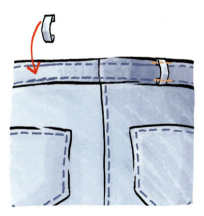

Und nicht vergessen, die Gürtelschlaufen wollen auch wieder angenäht werden.

 TIPP: Ist die Hose sehr viel zu groß, kannst du nicht die ganze Weite an der hinteren Mitte wegnehmen, sondern musst sie auch an den Seitennähten enger arbeiten. Dies ist jedoch wegen der Hosentaschen, Absteppungen und manchmal sogar Nieten an der Seitennaht ziemlich schwierig. Soll deine Hose stark geändert werden, hol also am besten den Rat eines Profis ein.

3. Hilfe! Mein Rock ist zu kurz.

In einem Rock, den man selbst zu kurz findet, fühlt man sich einfach unwohl. Glücklicherweise gibt es einen einfachen Weg, um diesen ein Stück zu verlängern.

Hat dein Rock einen Saum ohne ausgewaschene Bruchkante, kannst du ihn einfach verlängern, ohne dass man es von außen sieht. Trenne den Saum dazu auf und bügle ihn glatt.

Nun misst du den Saumumfang und schneidest einen geraden Stoffstreifen zu, der in der Länge diesem Betrag plus 2 cm Zugabe entspricht und in der Breite 2,5 cm misst.

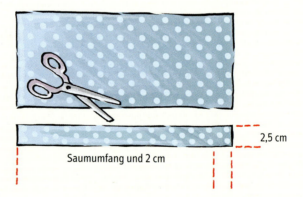

2,5 cm

Saumumfang und 2 cm

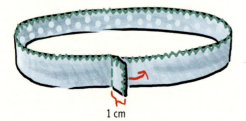

1 cm

Nähe die Enden des Streifens an der kurzen Seite 1 cm von der Kante entfernt rechts auf rechts aufeinander. Versäubere diese Kante und bügle sie zu einer Seite. Nähe anschließend mit Zickzackstichen um eine der langen Seiten des entstandenen Stoffringes, um auch diese vor dem Ausfransen zu schützen.

Danach platzierst du die noch unversäuberte Kante des Stoffringes rechts auf rechts an der unversäuberten Kante des Rockes. Stecke ihn rundherum fest und nähe ihn etwa 0,5 cm von der Kante entfernt auf.

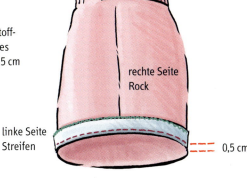

rechte Seite Rock

linke Seite Streifen

0,5 cm

Schlage den angesetzten Stoffstreifen nun komplett auf die linke Seite und bügle die Bruchkante glatt.

rechte Seite Rock

1,5 cm

Danach kannst du den »falschen Saum« entweder 1,5 cm von der Kante entfernt mit Geradstichen steppen oder unsichtbar mit Handstichen festnähen. Möchtest du den Saum am Ende doppelt einschlagen, musst du den Stoffstreifen etwas breiter zuschneiden.

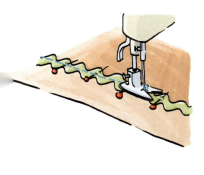
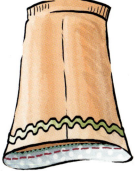

☞ TIPP: Hat dein Rock eine ausgewaschene Bruchkante, die nach dem Herauslassen sichtbar wird, kannst du diese zum Beispiel mit einem aufgenähten Band oder einer Zackenlitze verdecken. Das ist nicht nur praktisch, sondern kann auch sehr schick aussehen.

4. Hilfe! Mein Shirt ist zu groß.

Es gibt so viele schöne »Unisex«-T-Shirts, die an Frauen ziemlich schlabberig aussehen. Zum Glück kann man sie, genau wie schöne, aber zu große Frauen-Shirts, mit dieser Technik einfach enger arbeiten.

Die einfachste Methode, um die Passform eines T-Shirts zu verbessern, ist, es auf links zu drehen und darauf ein perfekt sitzendes Shirt zu legen – wie auf Seite 69 beschrieben.

Anschließend steckst du an der markierten Nahtlinie Vorder- und Rückseite des Shirts aufeinander. Am einfachsten geht das, wenn du das Oberteil auf jeder Seite mit einer durchgehenden Naht vom Ärmelsaum zum Shirtsaum enger arbeitest. Mit quer gesteckten Stecknadeln fixierst du an den Säumen und Ärmelnähten Vorder- und Rückseite des Shirts zusätzlich aufeinander, damit beide Lagen an diesen Stellen genau aufeinandertreffen.

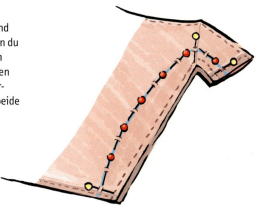

Dann nähst du diese Naht mit einem relativ dichten Zickzackstich, der außerhalb der markierten Nahtlinie verlaufen muss. Nähe vorsichtig über die Stecknadeln, die quer gesteckt wurden, damit die Nähmaschinennadel nicht abbricht.

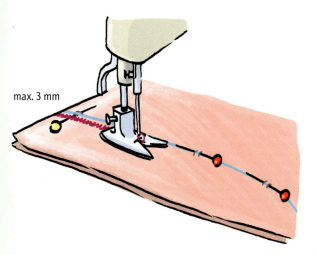

max. 3 mm

Nach dem Nähen schneidest du die Nahtzugabe auf etwa 1,5 cm zurück. Fertig ist dein perfekt sitzendes, neues Lieblingsshirt!

Hand anlegen

Auf den Punkt gebracht – Perlen, Pailletten & Knöpfe annähen

Mit Perlen verschiedener Größen, Pailletten in unterschiedlichen Ausführungen und bunt gemischten Knöpfen lassen sich Kleidungsstücke super aufwerten und individualisieren. Dabei ist das Annähen nicht einmal kompliziert!

Perlen aufzubringen ist ganz einfach. Stich dazu einfach von hinten nach vorne durch den Stoff (langes Fadenende auf der Innenseite hängen lassen), fädle die Perle auf und stich die Nadel wieder nach innen. Anschließend noch einmal nach außen durch die Perle und wieder nach innen stechen. Dann Fadenenden auf der Rückseite doppelt verknoten und abschneiden.

Statt Perlen kannst du auch **Pailletten** aufnähen – am schönsten sieht es aus, wenn diese von einer kleinen (Rocailles-)Perle gehalten werden. Das Annähen funktioniert genauso wie bei den Perlen beschrieben, aber Auffädeln musst du dann zuerst die Paillette und anschließend die Perle. Dann führst du die Nadel durch die Paillette zurück, stichst sie wieder nach innen, verknotest die Fadenenden usw. Das doppelte Annähen ist hier nicht notwendig.

Wenn die Pailletten, die du verwendest, relativ groß sind und ein seitliches Loch besitzen, brauchst du dir den Aufwand mit der Perle nicht zu machen. Dann stichst du einfach durch das Loch nach außen und dicht neben der Paillette wieder nach innen.

Willst du einen *Knopf* annähen, der später geknöpft werden soll, funktioniert das grundsätzlich immer gleich: Faden durch die Nadel ziehen, Enden auf die gleiche Länge ziehen und verknoten – der Faden liegt nun doppelt. Zuerst an der Knopfposition ein paar kleine Stiche machen. Nun den Knopf genau mittig auf die markierte Stelle legen und durch das erste Loch nach außen stechen. Dann durch das benachbarte Knopfloch wieder nach innen stechen usw., insgesamt etwa drei Mal.

Wenn der Knopf vier Löcher hat, musst du die ganze Prozedur bei den anderen beiden Löchern wiederholen. Der Faden sollte dabei nie zu fest angezogen werden – der Knopf muss etwas Abstand zum Stoff haben, damit er sich später gut knöpfen lässt. Je zarter der Stoff, desto geringer muss der Abstand sein.

Zuletzt wickelst du deinen Nähfaden fest um die Stiche, die zwischen Knopf und Stoff liegen. Um das Fadenende zu sichern, stichst du zwei bis drei Mal durch den so entstandenen »Stiel«.

✗ Knopfposition

 TIPP: Damit der Abstand immer gleich bleibt, kannst du je nach Stoffdicke eine Stecknadel, einen Zahnstocher oder ein Streichholz zur Hilfe nehmen – einfach als Abstandshalter auf dem Knopf platzieren und darüber nähen. Wenn der Knopf befestigt ist, entfernst du die Stecknadel oder das Hölzchen und arbeitest den »Stiel« wie oben beschrieben.

Übrigens: 4-Loch-Knöpfe lassen sich auf ganz verschiedene Arten annähen – wie wäre es zum Beispiel mit einem Kreuz, einem Quadrat oder einer Feder? Außerdem kannst du die Knöpfe mit kleinen Rocailles-Perlen befestigen, die jedoch größer als die Knopflöcher sein müssen, um nicht hindurchzurutschen.

Knöpfe, die nur zur Zierde aufgebracht werden, brauchst du übrigens – wie auch so genannte Stegknöpfe – nicht mit einem Stiel annähen.

Und...Stich! – Einfache Handstiche

Die einfachsten Handstiche sind vielseitig einsetzbar: für Reparaturen, Stickereien oder erste kleine Nähprojekte. Bei kleinen Reparaturen lohnt sich am Anfang das Einrichten der Nähmaschine meist gar nicht (sofern du überhaupt schon eine hast). Also schnapp' dir lieber erst mal Nadel und Faden und probiere an deinen kaputten Lieblingsteilen ein paar neue leichte Handstiche aus! Auch unbeschadete aber langweilige Klamotten lassen sich damit gut verschönern.

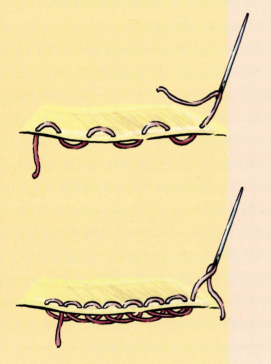

Vorstich: Da dieser Stich durch seine großen Abstände nicht gerade haltbar ist, eignet er sich vor allem für dekorative Nähte, die nicht besonders belastet werden.
Außerdem kann man den Vorstich verwenden, um mehrere Stofflagen vorübergehend aufeinander zu befestigen (heften), wenn man zum Beispiel ein Verrutschen vermeiden will. Solche Heftstiche werden nach dem »richtigen Nähen« immer entfernt, deshalb verwendet man dafür ein Garn, das leicht reißt.

Rückstich: Dieser Stich wird für alle Nähte verwendet, die dauerhaft halten müssen. Die Stiche liegen ohne Lücken hintereinander, die Stichlänge sollte relativ gleichmäßig und nicht zu groß sein (2,5-3 mm für die ganz Genauen). Außerdem ist es wichtig, den Faden gut, aber nicht zu straff anzuziehen.

- -

 TIPP: Wenn du mit diesem Stich eine sichtbare Naht nähen möchtest, musst du darauf achten, dass die »schöne Seite« außen liegt – auf der Rückseite bilden sich nämlich Schlingen.

Langettenstich: Dieser Stich, der übrigens komplizierter aussieht, als er ist, wird verwendet, um ein Ausfransen der Stoffkanten zu verhindern. Du kannst ihn außerdem für Ziernähte einsetzen.

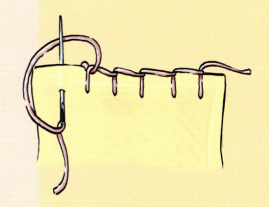

Zickzackstich / Maschenstich: Dieser Stich wird vor allem verwendet, um Gestrick zu reparieren beziehungsweise zu verstärken. Man arbeitet von rechts nach links. Der fertige Stich bildet – genau wie Maschen – kleine Vs. Dafür durch die Spitze des Vs nach außen stechen, an der rechten oberen Ecke die Nadel nach innen stechen und an der linken oberen Ecke wieder nach außen kommen. Die Nadel erneut durch die Spitze des Vs nach innen stechen und dann unter dem Stoff nach links führen. An der Position der nächsten V-Spitze wieder nach außen stechen usw.

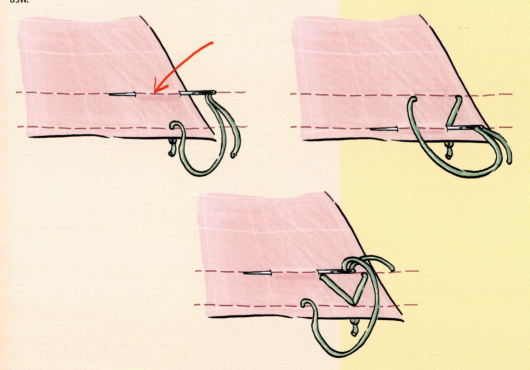

Detailverliebt – Dekorative Handstiche

Mit diesen dekorativen Handstichen kannst du tolle Akzente auf schlichten Kleidungsstücken setzen – egal ob Ton in Ton oder in knalligen Kontrastfarben. Diese Stiche lassen sich auch toll mit den Handstichen kombinieren, die du schon kennst. Lass deiner Phantasie einfach freien Lauf!

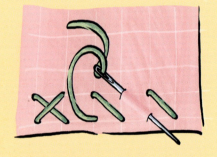

Kreuzstich: Mit diesem Stich kannst du Motive umranden, Bordüren sticken oder Flächen ausfüllen. Du kannst die Kreuze direkt nebeneinander oder mit kleinem Zwischenraum sticken. Dafür zuerst von hinten nach vorne ausstechen und einen schrägen Stich von rechts unten nach links oben arbeiten. Dann einen schrägen Stich von links unten nach rechts oben darüber sticken.

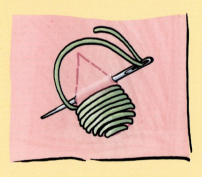

Plattstich: Mit diesem Stich kannst du sehr schön kleine Flächen ausfüllen, die dann sehr plastisch wirken. Anschließend kannst du die Fläche auch z.B. mit Rückstichen umranden. Zuerst die Nadel von hinten nach vorne ausstechen. Dann auf der waagerecht gegenüberliegenden Seite von vorne nach hinten ein- und direkt neben dem vorherigen Ausstichpunkt wieder ausstechen.

Stichhaltig – Profi-Handstiche

Eine Menge einfacher Handstiche, die sich vielseitig einsetzen lassen, kennst du nun schon. Die Stiche, die jetzt folgen, dauern vielleicht etwas länger, aber dafür wirst du mit einer Naht belohnt, die aussieht wie bei gekauften Sachen (wenn nicht sogar besser). Der extra Aufwand lohnt sich nicht nur, wenn deine Kleidungsstücke auch von innen besonders schön anzusehen sein sollen. Auch von außen erkennt man den Unterschied.

Handsaum: Dieser Stich erfordert etwas Übung. Wenn du ihn jedoch gut beherrschst und ein perfekt passendes Garn sowie eine dünne Nadel verwendest, kannst du damit einen Saum nähen, ohne dass man von außen Stiche sieht.

Zuerst musst du die Saumkante versäubern (mit Langettenstich vor dem Ausfransen schützen) und nach innen umbügeln. Anschließend schlägst du die Kante ca. 5 mm zurück und nähst sie von Hand mit Saumstichen fest. Dazu stichst du immer abwechselnd durch die Saumkante und durch die Innenseite des Kleidungsstücks (nicht komplett hindurchstechen, nur einige Fäden anstechen). Wenn du fertig bist, verstichst du den Faden auf der Saumkante.

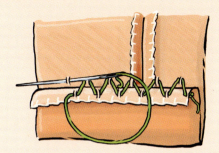

Staffierstich: Der Staffierstich wird vor allem verwendet, um eingeschlagene Kanten auf der Innenseite zu befestigen – zum Beispiel das Futter eines Rockes am Schlitz. Man kann diesen Stich auch verwenden, um Bänder »fast unsichtbar« aufzunähen.

Stoffkante nach innen bügeln. Erst durch die eingeschlagene Kante nach innen, dann durch die Innenseite des Kleidungsstückes innerhalb der Nahtzugabe stechen. Auch hier sollten die Stiche auf der rechten Stoffseite nicht sichtbar sein. Durch die eingeschlagene Kante wieder nach außen stechen usw., bis die komplette Kante befestigt ist.

 TIPP: Bei Bändern entfällt das Einschlagen der Kanten natürlich.

TIPP: Zieh den Faden nicht zu straff an, sonst sieht man die Stiche von rechts. Wenn du ab und zu einen kleinen Rückstich auf der Saumkante machst, kann es dir nicht passieren, dass du den Saum mit dem Faden versehentlich komplett zusammenraffst.

Ran an die Maschine

Wie deine eigene Nähmaschine (oder die deiner Mama oder Oma) genau funktioniert, kannst du in der Bedienungsanleitung nachlesen. Grundsätzlich sind Nähmaschinen aber immer ähnlich aufgebaut und nicht wirklich schwer zu verstehen. Wenn du dir Zeit nimmst, um die Nähmaschine richtig einzufädeln, kannst du am Ende schneller loslegen, da du dich nicht mit nervigen Fehlstichen herumärgern musst.

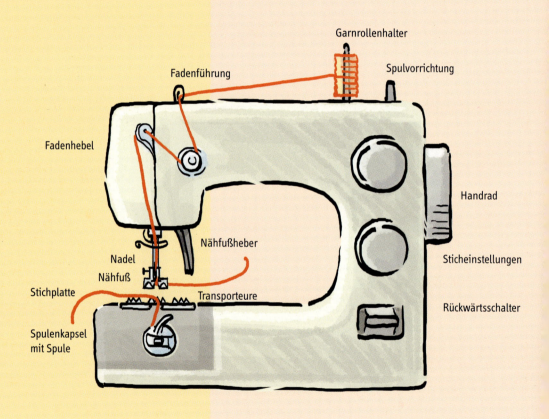

Solltest du überfordert sein, weil du Unmengen von verschiedenen Stichen zur Auswahl hast, hilft es dir vielleicht zu wissen, dass du für den Anfang nur zwei davon wirklich brauchst: den Geradstich (beziehungsweise Steppstich) und den Zickzackstich.

Den *Geradstich* kannst du für alle Projekte einsetzen, bei denen wir bisher den Rückstich verwendet haben. Eine Stichlänge von 2-3 eignet sich meistens.
Mit einem langen *Zickzackstich* lassen sich sehr gut Nähte versäubern, wohingegen sich eine ganz kurze Stichlänge perfekt für Ziernähte eignet. Einen Zickzackstich in mittlerer Stichlänge kannst du im Gegensatz zum Geradstich für Arbeiten an Maschenwaren verwenden, weil dieser elastisch ist.

 TIPP: Wenn du genau hinschaust, erkennst du oben auf der Spulenkapsel einen kleinen »Pfeil«. Achte darauf, dass sich die Spule nach dem Einsetzen in die Spulenkapsel genau in die entgegengesetzte Richtung dreht.

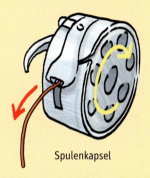
Spulenkapsel

 TIPP: Verstechen muss man den Faden auch beim Nähen an der Nähmaschine, bloß heißt das Ganze dort »Verriegeln«. Dazu nähst du am Nahtanfang und -ende einige Stiche vor und zurück.

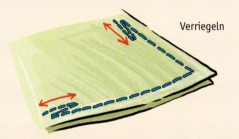
Verriegeln

Nähmaschinennadeln sehen zwar ein wenig anders aus als Handnähnadeln, aber dass du für verschiedene Stoffstärken und -arten verschiedene Nadeln brauchst, gilt auch hier. Es gibt Nadeln mit besonderen Spitzen für elastische Stoffe, Leder und Jeans. Für sehr zarte, leichte Stoffe solltest du Nadeln in Stärke 60-75 verwenden. Für mittlere Stoffqualitäten ist Stärke 80-90 passend und bei besonders schweren sowie kräftigen Stoffen bieten sich Nadeln in 100-120 an.
Um zu lernen, wie man mit der Nähmaschine gerade Nähte macht, kannst du dir auf einem Blatt Papier parallele Striche – und später auch runde und eckige Formen – aufzeichnen. Als Trockenübung versuchst du – nachdem du den Ober- und Unterfaden entfernt hast – genau auf den gezeichneten Strichen entlangzunähen.

 TIPP: An Ecken lässt du die Nadel im Stoff (bzw. Papier) und hebst das Nähfüßchen an. Dann drehst du den Stoff so, dass du weiterarbeiten kannst und senkst das Füßchen wieder.

Angebändelt & aufgepeppt – Bänder und Borten verarbeiten

Bänder und Borten näht man normalerweise entlang der Kanten (oder bei Zackenlitze in der Mitte) mit Geradstichen auf. Das gilt übrigens nicht nur für dekorative Bänder, sondern zum Beispiel auch für Klettband. Wenn du nicht möchtest, dass Stiche zu sehen sind oder dein Kleidungsstück ein Futter hat, verwende stattdessen den Staffierstich, um nur durch die oberste Stofflage zu stechen (Seite 87). Für einen besonderen Effekt kannst du breite Bänder auch mit Zickzackstichen entlang der Kanten – vielleicht in einer kontrastierenden Garnfarbe – aufbringen.

Schrägband kann man entweder fertig kaufen oder mithilfe eines Schrägbandformers selbst herstellen. Es wird vor allem zum Einfassen von Kanten verwendet. Es ist immer schräg zum Fadenlauf, das heißt zur Webrichtung, zugeschnitten, damit es nachgibt und sich gut um die Kanten legt. Eine weitere Besonderheit bei Schrägband ist, dass es zwei eingeschlagene Kanten hat – dadurch lässt es sich besonders einfach verarbeiten.

Mit dem Annähen des Schrägbands beginnst du auf der linken Stoffseite. Klappe das Band komplett auf und platziere die Kante genau an der Stoffkante. Nähe das Band nun in der untersten Falzlinie an.

Dann legst du das Band um die Stoffkante herum nach außen.

Stecke es fest und nähe es mit Steppstichen knapp unterhalb der gefalteten Kante auf. Wenn du das Band auf der Innenseite nicht perfekt triffst, ist es nicht so tragisch – dort wurde es ja schon fixiert.

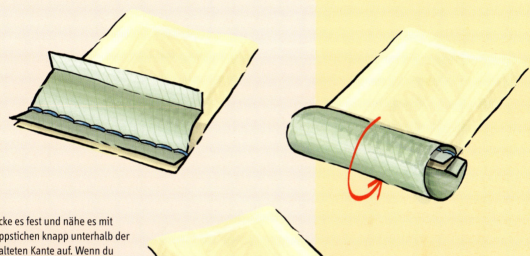

 TIPP: Wenn du keine sichtbare Naht möchtest, musst du das Band zuerst auf der rechten Seite annähen und dann innen mit Staffierstichen befestigen.

Aufgezippt & zugezogen – Reißverschlüsse einnähen

Reißverschlüsse gibt es in unendlichen Varianten: aus Plastik oder Metall, sichtbar oder nahtverdeckt (das heißt, man sieht nach dem Einnähen nur noch den Schieber). Um Reißverschlüsse einzunähen, brauchst du bestimmte Nähfüße für deine Maschine. Ein halber Fuß oder ein versetzbarer Reißverschlussfuß und ein Fuß für nahtverdeckte Reißverschlüsse sollten aber genügen.

Und so geht's: Den geschlossenen Reißverschluss legst du genau mittig unter den Schlitz, der Schieber sollte ca. 3 mm von der oberen Kante entfernt und der Stopper (das Ende des Reißverschlusses) verdeckt sein.

Reißverschluss mit Stecknadeln fixieren und am besten zusätzlich mit Vorstichen von Hand einheften.

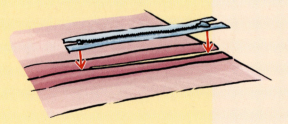 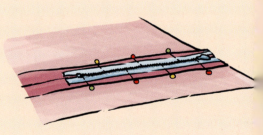

An der Nähmaschine den Reißverschlussfuß beziehungsweise halben Fuß so einsetzen, dass die Nadel an dessen rechtem Rand einsticht – so kann man besonders dicht am Reißverschluss entlangnähen.

Jetzt musst du den Reißverschluss öffnen und kannst in der oberen linken Ecke mit dem Einnähen beginnen. Nähe dabei so nah wie möglich am Reißverschluss entlang.

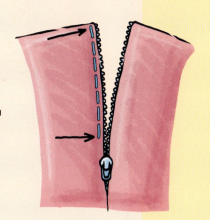

Kurz bevor du den Schieber erreichst stoppst du: Nadel im Stoff lassen, aber Füßchen anheben und den Reißverschluss schließen. Nun kannst du den Reißverschluss bis unten annähen und an der unteren Kante quer darüber nähen. Jetzt wird der Stoff gedreht und entlang der anderen Kante so lange genäht, bis man den Schieber fast erreicht hat.

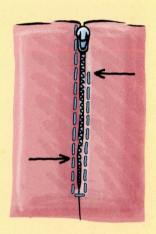

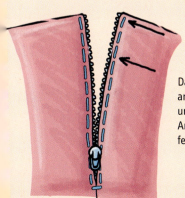

Dann wieder stoppen, Füßchen anheben (Nadel bleibt im Stoff) und den Reißverschluss öffnen. Anschließend das restliche Stück festnähen. Fertig!

Alles hat ein Ende, nur die Naht hat zwei...

Im Laufe dieses Buches hast du alle Techniken gelernt, die du brauchst, um zur Tat zu schreiten und selbst kreativ zu werden. Du kannst nun deine Sachen reparieren, kreativ verzieren oder umarbeiten – und auch die Anfertigung kleiner Accessoires dürfte kein Problem sein. So wird deine Garderobe, mal mit mehr, mal mit weniger Handgriffen, individuell, einzigartig und originell. Du wirst sicher bald merken, dass Teile, an denen du selbst Hand angelegt hast, dich und deinen persönlichen Stil viel besser repräsentieren als Kleidung »von der Stange«.

Möchtest du eine Idee umsetzen, die hier im Buch nicht beschrieben wird, bekommst du im Internet bestimmt Hilfe. Suchst du bei Google nach einem bestimmten »Nähproblem«, findest du meist eine Menge Tipps, wie sich dieses lösen lässt. Aber auch begabte Verwandte und Freunde helfen sicher gern, wenn du einmal nicht weiter weißt.

Ich bin sicher, du hast schon eine Menge Ideen, die du gern umsetzen möchtest! Hast du mal keine, lass dich einfach von alten Kleidungsstücken und schönen Materialien, die deinen Weg kreuzen, inspirieren. Der Schnitt, die Details und selbst reparaturbedürftige Stellen an Sachen geben meist schon reichlich Anregung für ihr »nächstes Leben«.

Auch in Zeitschriften und im Internet findest du tolle Umarbeitungsideen. Manchmal kommen einem sogar beim Ansehen brandneuer Kleidungsstücke gute Ideen. In letzter Zeit sah man zum Beispiel überall Ellenbogenflicken, was mich darauf gebracht hat, diese auf einen alten Cardigan zu nähen. Hältst du die Augen offen, wirst du überall Inspirationen finden: beim Shoppingbummel, wenn du andere Leute triffst, deren Sachen dir gefallen...

Bevor du dann die Schere zur Hand nimmst, kannst du – zum Beispiel mithilfe von Stecknadeln – schon verschiedene Möglichkeiten ausprobieren. Dennoch wirst du dich oft auf dein Gefühl verlassen müssen. Wenn du eine Idee hast, solltest du diese auch umsetzen. Hab Spaß an der Sache und lass dich nicht zu sehr von der Meinung anderer leiten! Bist du selber überzeugt, kann eigentlich nicht viel schiefgehen.

Viel Spaß beim Querdenken,

Noch mehr kreative Möglichkeiten für dich:

ISBN 978-37724-6734-9

ISBN 978-37724-6749-3

ISBN 978-37724-6675-5

ISBN 978-37724-6713-4

ISBN 978-37724-6751-6

ISBN 978-37724-6738-7

SBN 978-37724-6768-4

ISBN 978-37724-6718-9

ISBN 978-37724-6745-5

Die neue Welt der Kreativität
www.topp-kreativ.de
www.facebook.de/Mitstrickzentrale

Die Autorin

Laura Hertel absolvierte eine klassische Schneiderlehre, bevor sie 2010 ein Studium zur Modedesignerin begann. Handgemachtes mag sie ebenso sehr wie Flohmarktfunde, aber am allerliebsten kombiniert sie beides und schreibt darüber.
Ihren farbenfrohen Blog findest du auf www.tagtraeumerin.de.

IMPRESSUM

Wir danken der Firma Prym Consumer GmbH (Stolberg) für die freundliche Unterstützung bei diesem Buch.
FOTOS: frechverlag GmbH, 70499 Stuttgart; Laura Hertel (S. 5 und 96); Lichtpunkt, Michael Ruder Fotografie (alle übrigen)
PRODUKTMANAGEMENT: Rahel Goldner
LEKTORAT: Miriam Heil, Anna Bender
LAYOUT: Designbüro Grafikhaus, München
DRUCK: Grafisches Centrum Cuno GmbH & Co. KG, Calbe

Materialangaben und Arbeitshinweise in diesem Buch wurden von der Autorin und den Mitarbeitern des Verlags sorgfältig geprüft. Eine Garantie wird jedoch nicht übernommen. Autorin und Verlag können für eventuell auftretende Fehler oder Schäden nicht haftbar gemacht werden. Das Werk und die darin gezeigten Modelle sind urheberrechtlich geschützt. Die Vervielfältigung und Verbreitung ist, außer für private, nicht kommerzielle Zwecke, untersagt und wird zivil- und strafrechtlich verfolgt. Dies gilt insbesondere für eine Verbreitung des Werkes durch Fotokopien, Film, Funk und Fernsehen, elektronische Medien und Internet sowie für eine gewerbliche Nutzung der gezeigten Modelle. Bei Verwendung im Unterricht und in Kursen ist auf dieses Buch hinzuweisen.

1. Auflage 2011
© 2011 frechverlag GmbH, 70499 Stuttgart
ISBN 978-3-7724-6755-4 • Best.-Nr. 6755